谐音字巧断疑难案

写给孩子的经典小故事

邱建国 主编
范永红 编著

济南出版社

图书在版编目（CIP）数据

谐音字巧断疑难案 / 范永红编著 . -- 济南：济南出版社，2025.1. -- （写给孩子的经典小故事 / 邱建国主编）. -- ISBN 978-7-5488-6372-4

Ⅰ . G624.233

中国国家版本馆 CIP 数据核字第 2024MZ5146 号

谐音字巧断疑难案
XIEYINZI QIAO DUAN YINAN AN

邱建国 主编　　范永红 编著

出 版 人	谢金岭
策 划 人	付晓丽
责任编辑	许春茂　张春霞
装帧设计	帛书文化
插画绘制	狼仔图文

出版发行	济南出版社
地　　址	山东省济南市二环南路 1 号（250002）
总 编 室	0531-86131715
印　　刷	德州市嘉俊印刷有限责任公司
版　　次	2025 年 1 月第 1 版
印　　次	2025 年 1 月第 1 次印刷
开　　本	145mm×210mm　1/32
印　　张	3
字　　数	33 千字
印　　数	1-3000 册
书　　号	ISBN 978-7-5488-6372-4
定　　价	24.80 元

如有印装质量问题　请与出版社出版部联系调换
电话：0531-86131736

版权所有　盗版必究

目录
MU LU

谐音字巧断疑难案 / 1
　　——改编自中国民间故事

杨津智破抢劫案 / 8
　　——改编自《北史·杨津传》

王安礼侦破诬告案 / 13
　　——改编自《宋史·王安礼传》

陈述古智破盗窃案 / 18
　　——改编自沈括《梦溪笔谈》

假新娘抓住真小偷 / 24
　　——改编自中国民间故事

杨评事巧破谋财案 / 29
　　——改编自冯梦龙《智囊补》

孙亮辨奸断谜案 / 35
　　——改编自冯梦龙《智囊补》

谐音字巧断疑难案

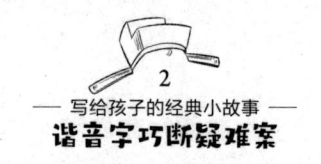

李崇设计探真情 / 40
　　——改编自冯梦龙《智囊补》

欧阳晔设宴破积案 / 46
　　——改编自冯梦龙《智囊补》

忠满智判父告子案 / 53
　　——改编自吴趼人《中国侦探案》

包拯巧断牛舌案 / 59
　　——改编自《宋史·包拯传》

包拯智审夺子案 / 66
　　——改编自李潜夫《灰阑记》

宋慈智抓盗盐贼 / 72
　　——改编自中国民间故事

胡知县明察秋毫 / 79
　　——改编自魏息园《不用刑审判书》

毕矮妙计化危机 / 85
　　——改编自中国民间故事

谐音字巧断疑难案
——改编自中国民间故事

阅读准备

辰州府辰溪县：位于湖南省的西部，辖境在今湖南省怀化市辰溪县西南。

招商客栈：清朝末年，开在火车站、轮船码头附近的客栈一般都打着"招商"或"通商"的招牌，因此人们将这类客栈统称为"招商客栈"。

好谋善断：形容人能不断思考，并善于判断。

突破口：指打破僵局的关键处。

谐音字巧断疑难案

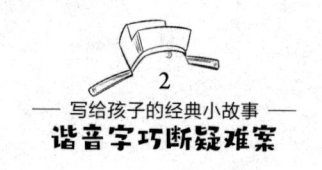

清朝光绪年间,一个叫王四的人,在辰州府辰溪县,经营着一间招商客栈。

某天,住在客栈单人间里的杜老爹,一觉醒来发现,自己随身携带的五两银子不见了。他将房间翻了个底朝天,也没有找到那些银子。

杜老爹想到客栈近几日除了他,没有别的住客,便认为老板王四偷走了他的银子。他怒气冲冲地找到王四质问道:"王四,你为何要偷拿我的银子?赶紧把银子拿出来还给我!"

王四矢口否认,说:"杜老爹,你是没钱付房费了,所以想讹我是不是?你说我偷了你的银子,你倒是把证据拿出来啊。"

杜老爹丢了银子不说,还被说是故意讹人,顿时气得浑身发抖,二话不说,一纸诉状就将王四告到了县衙。

县衙里坐堂问案的，是辰溪县的知县董大人。面对董大人的查问，王四坚持说自己没有偷杜老爹的银子，让杜老爹拿出证据来。

董大人是一个精明能干、好谋善断的人，虽然眼下没有什么直接证据指向王四，但他仔细观察过王四在回答问题时的神色，认为王四作案的可能性极大。

董大人将两名看上去机警敏捷的衙役叫到一边，悄声吩咐了好一阵子。

那两名衙役领了差事后，径直去了王四家的客栈。其中一人对老板娘说："杜老爹在你家客栈丢了银子，王四已经承认是他拿走了。知县大人派我们来取银子，你快老老实实地把银子交出来吧！"

谁承想，那老板娘竟比王四还要狡猾，无论衙役说什么，她都做出一副什么都不知道的样子。衙役们见在老板娘这里找不到什

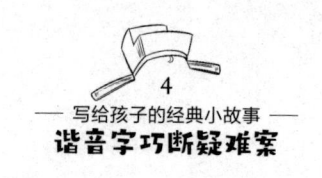

么突破口，便按照知县大人的吩咐，将老板娘带回了县衙。

就在两名衙役离开县衙后，董大人回到了堂上。他让人用笔在王四的手心里写了一个"赢"字，然后对王四说："王四，虽然没有证据证明是你拿了杜老爷的银子，但是客栈里除了杜老爷，也没有别的客人，所以你的作案嫌疑还在。现在你到外面台阶下去站着，如果过一会儿，你手心里的字还在，那我就相信那银子不是你偷的。"

约莫过了一个时辰，老板娘随衙役来到了县衙。她看见王四摊开一只手站在台阶下，虽然很好奇他在干什么，但却没有开口问。

公堂上，董大人照例询问老板娘银子的事儿，而老板娘还是说不知道。

突然，董大人冲着王四大声问道："王四，你手里的'赢'字还在不在？"

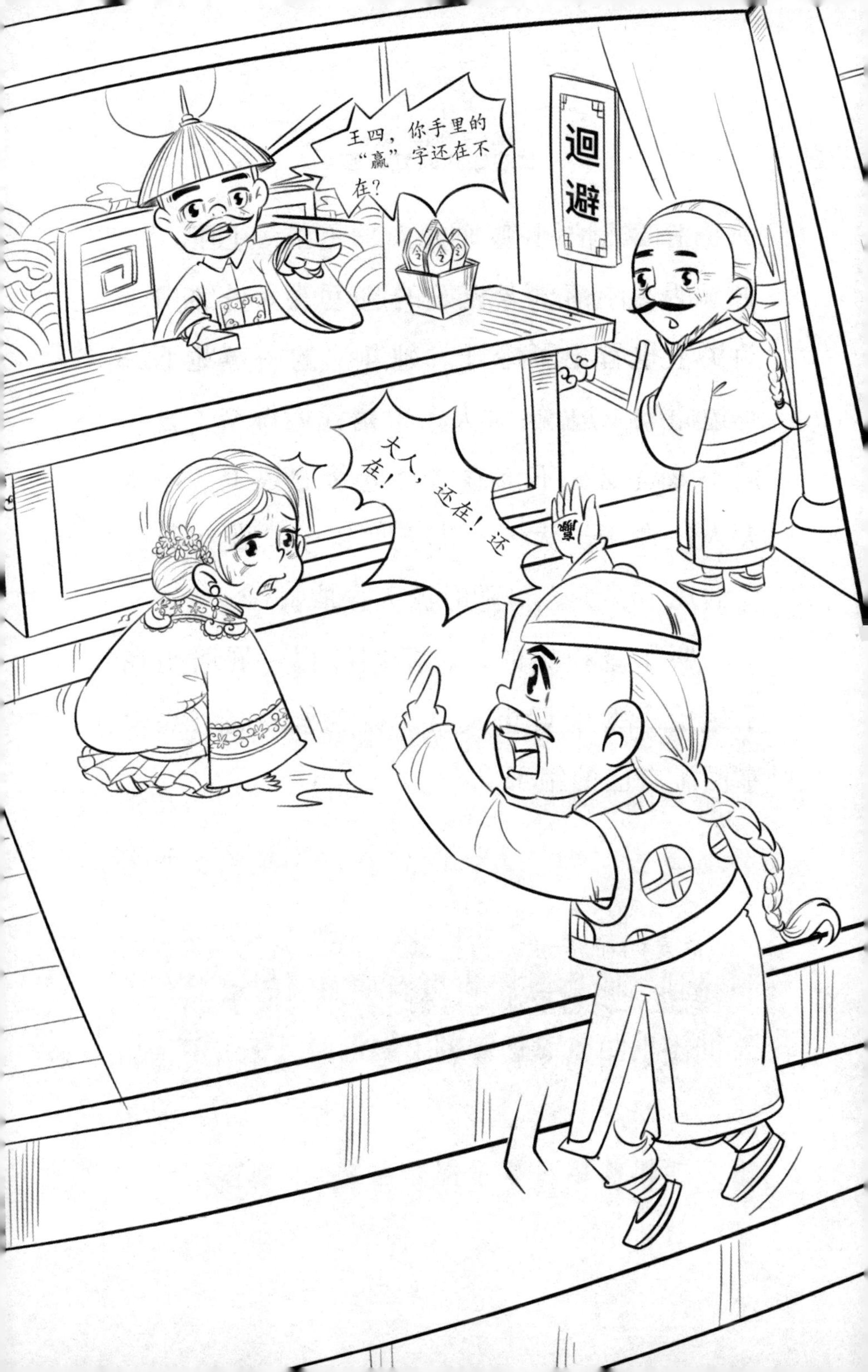
迴避
王四，你手里的“赢”字还在不在？
大人，还在！还在！

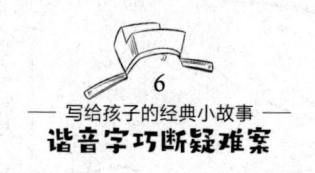

王四连忙回答:"大人,还在,还在。"

话音刚落,老板娘的脸色就变得煞白,额头上也冒出了冷汗。她"咚"的一声跪下,一边磕头一边说:"大人,是我们做错了,我们不该贪财,不该偷拿杜老爹的银子,还请大人饶命啊。大人,那五两银子就藏在我卧房的床下,大人可随时派人去取。"

听了老板娘的话,王四吓得一屁股坐在了地上。案子真相大白,杜老爹高高兴兴地拿回了自己的银子。

亲爱的小读者,为什么老板娘突然承认是他们拿走了杜老爹的银子?

我是小神探

　　老板娘不知道王四手里有个"赢"字，更不知道董大人与王四之间的约定，而公堂上他们正说着银子的事情，所以董大人问王四手里的"赢"字还在不在的时候，她就误以为董大人是在问王四_____还在不在。

　　一听王四说银子（"赢"字）还在，老板娘就心虚害怕了，所以霎时间脸色变得煞白，额头上也冒出了冷汗。老板娘为了让董大人减轻对他们的处罚，赶紧磕头认错，承认是他们偷了杜老爷的银子。

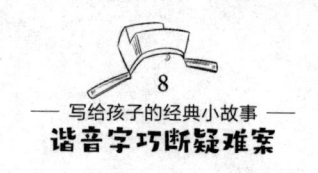

杨津智破抢劫案
——改编自《北史·杨津传》

阅读准备

岐州：辖境在今陕西周至、麟游、陇县、宝鸡、太白等市县地。

郡：春秋至隋唐时的地方行政区域名，秦汉以后，郡比县大。

外戚：外家的亲属。特指帝王的母亲或妻子家族的亲属。

皇天不负苦心人：上天不会辜负苦心人的付出。指只要肯下苦功，愿望最后一定会实现。

南北朝时期，北魏外戚杨津任岐州刺史时，不管大事小事他都亲力亲为，不知疲倦。杨津在岐州因侦破了一起抢劫案，让全州百姓佩服、敬畏不已。

一天傍晚，杨津接到一个巡逻士兵的报告，他们巡逻队在回城的途中，遇到了一个被抢劫的武功郡人。那人一听见巡逻队的马蹄声，吓得跪在地上一个劲儿地磕头喊饶命。

巡逻士兵把那人带到了杨津面前，并让他说一说当时的情况。那人说他叫李易，是岐州武功郡的一个商户，这次带了几十匹绢布新品来岐州城寻找买家。谁承想，行至岐州城外十里处时，绢布被一个骑着马的人给抢走了。

杨津问李易："那人的身高、长相你看清了吗？他是朝哪个方向离开的？"

李易说："当时太害怕了，我一直低着头，所以没看清那人的长相，不知道他往哪

谐音字巧断疑难案

边走的。"

杨津又问:"他骑的是什么颜色的马,穿的是什么颜色的衣服,大概多少岁,这些你留意到了吗?"

李易低着头认真想了一会儿,说:"那人应该很年轻,穿的是青衣、青裤,骑的是一匹黑马,但马蹄是白色的。那人离开没多大会儿,巡逻队的人就来了。"

李易离开后,杨津一遍遍回想他的话,企图寻找一些对破案有用的信息。俗话说皇天不负苦心人,杨津还真找到了:据李易说,劫匪离开不久他就遇到了巡逻队的人,而案发地离岐州城仅十里地,巡逻队的人又是骑马回的城,也就是说劫匪逃离的时间并不长……

杨津的脸上渐渐浮现出了笑容,他让州府里过半的衙役到城内各个街巷去敲锣喊话:"城东门外十里处发现了一具尸体,死者是个年轻人，身着青衣、青裤，附近还发现了一匹四蹄雪白的黑马，请死者的亲属尽快到州府衙门认尸！"

没过多久，一名老妇人到州府来认尸，说死者极有可能是她儿子。杨津向老妇人详细了解了她儿子的情况后，派人城里城外进行搜捕。衙役在城外找到人时，他正和朋友喝酒"庆功"，那抢来的几十匹绢布就放在屋里。人赃俱获，那人知道自己再怎么狡辩也没用，便十分配合地交代了犯罪经过，案件以极快的速度告破。

亲爱的小读者，动动你的小脑筋想一想，为什么杨津要让人到衙门来认尸？

我是小神探

岐州城的城门有守城士兵把守,若那劫匪住在城内,那他必定不敢立马带着那些绢布回家,因此他会在城外找个安全的地方,将绢布藏起来。

因发案时间不长,衙役们上街敲锣打鼓,通知人上州府衙门认尸时,那劫匪极有可能还没回家,而劫匪的家属听到消息后,肯定会第一时间到州府衙门来认尸。如此一来,杨津就能第一时间了解劫匪的_____,然后以极快的速度找到劫匪的踪迹,成功破案。

王安礼侦破诬告案

—— 改编自《宋史·王安礼传》

阅读准备

知府：古代的官名。在宋代，朝廷委派官员到某府级行政区划去担任长官，负责教化当地百姓、劝课农商等事宜，称"知（主持）某府事"，简称"知府"。

匿名：不具名或不写真实姓名。

无头案：没有线索可寻的案件或事情。

不胜其烦：烦琐得让人受不了。

糟心：因事情或情况坏而心烦。

谐音字巧断疑难案

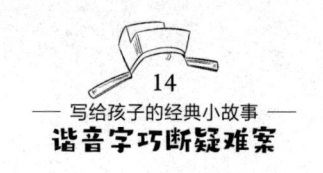

王安礼是北宋著名的政治家,也是文学家、思想家、政治家王安石的弟弟。王安礼在开封任知府时,执法严明,善于断案。据说,王安礼到开封后,在不足3个月的时间里,将所有积压的案件都审理得清清楚楚、明明白白,并将审理结果进行了公示。因王安礼审理的这些案件中,有许多是无头案,故一时间王安礼破无头案的故事,在老百姓中广为流传。今天我们讲的就是王安礼侦破一起诬告案的故事。

话说,有一段时间上街巡逻的士兵总能收到匿名举报信,信的内容大都是说×××做了×××事,违反了本朝的×××律法,请官府立马派人去捉拿。官府收到举报信后,将当事人都请到府衙来进行询问,结果发现举报的内容都是凭空捏造的。

举报信前前后后加起来已经收到了100

多封，接受询问的当事人，也足足有100人了，官府的大人和衙役们都被这些举报信弄得不胜其烦，他们曾下决心找出那些写匿名信的人，下了很大功夫，却什么都没有找到。

这些举报信究竟是谁写的呢？

王安礼细细翻看了这100多封举报信，他发现，这些信虽然举报的是不同的人，但举报的事儿却是大差不差的，于是心里有了一些猜测。他思索了片刻，然后找出了最后收到的几封信。

王安礼将其中一封举报信交给衙役，让他将信上举报的那个姓薛的带回来问话。

且说那薛姓男子见自己因为举报信的事儿再次被请进了官府，心里又是疑惑，又是紧张。他一见到王安礼就跪下喊冤："大人，冤枉啊，我从没做过信上说的那些事情，还请大人明察。"

谐音字巧断疑难案

"你仔细回想一下,被举报的那段时间,可有遇到什么让你感觉糟心的事情,或者让你觉得闹心的人?"王安礼问道。

薛姓男子低头回想了一会儿,说:"回禀大人,被举报的前两天,有个卖笔的老板来找我,让我买他的笔,但被我拒绝了。我记得他走的时候很不高兴,还说我不买他的笔迟早会后悔的。"

王安礼又让人找来了另外两个被举报的人,问他们被举报前是否和什么人闹过纠纷,结果那两人都提到了一个卖笔的老板。

听了三人的话,王安礼推断那些举报信都出自那卖笔的老板,只因他不满人家不买他的笔。

王安礼立即派人将那卖笔的老板抓了回来,经审讯,那些举报信果真都出自他一人之手。

亲爱的小读者，王安礼为什么推断那卖笔的老板就是写匿名举报信的人？

我是小神探

王安礼看了匿名举报信后，发现很多信的内容大致相同，便猜测这些举报信可能出自一人之手。接着，他找出最后收到的几封举报信，并找来了被举报人了解情况。结果，几名被举报人都提到了_____，因此，王安礼推断，那卖笔的老板就是写匿名举报信的人。

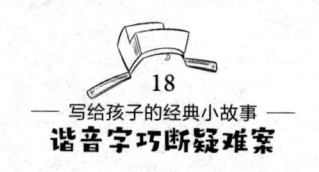

陈述古智破盗窃案
—— 改编自沈括《梦溪笔谈》

阅读准备

州：旧时的一种地方行政区划名。

建州浦城县：今福建省南平市浦城县。

知县：古代的官名。在宋朝，朝廷多派遣中央官员知（主持）某县事，简称"知县"。知县管理一县的行政事务；有戍兵驻县的，还要兼管兵事。

做贼心虚：做了坏事怕人觉察出来而心里惶恐不安。

宋人陈述古在建州浦城县担任知县时，县里发生了一起重大盗窃案。

据说，当地一个富户家里的所有贵重物品都被人给偷走了，为尽快破案，县衙抓回来了一批嫌疑人。审问了好几次，案情都毫无进展，这让陈述古犯了难：把这些嫌疑人继续关押在牢里吧，显然不太合适，而且极有可能引发民怨、民愤；要都放走吧，那盗窃案可能就破不了了，那样百姓会觉得自己这个知县无能，同僚也会看自己的笑话。

夜深了，陈述古难以入睡，他坐在桌案前，仔细地翻阅案件的相关材料，企图找到一些有用的线索。

"怎样才能抓住那猖狂的盗贼呢？"陈述古闭上眼苦苦地思索着。

就在这时，远处的大云寺里响起了钟声，那悠远绵长的声音，在漆黑的夜空下，久久地回荡着。陈述古猛地睁开双眼，看向了大云寺的方向。

第二天，陈述古对县衙里的捕快们说："大云寺里有一口'神钟'，能辨盗断案，据说非常灵验，你们去把它取回来。"

很快，捕快们就将那口"神钟"运到了浦城县衙。陈述古让人将钟悬挂在衙门后面的阁楼里，在钟前供上果品，焚香点烛进行祭拜，态度十分虔诚。

这事儿很快就传到了那些嫌疑人的耳朵里，他们不知道"神钟"是如何辨盗断案的，因此心里都生出了一丝丝恐慌。

过了几天，陈述古让人把那些嫌疑人都带到了阁楼里。他先在"神钟"面前焚香祭拜一番，然后转过身来对那些嫌疑人说："这口钟很灵验，没偷东西的人摸它，它不会发出声响；偷东西的人摸它，它会立马发出嗡嗡嗡的声音来。既然你们都不承认自己偷了东西，那我只好请'神钟'来辨别了。"

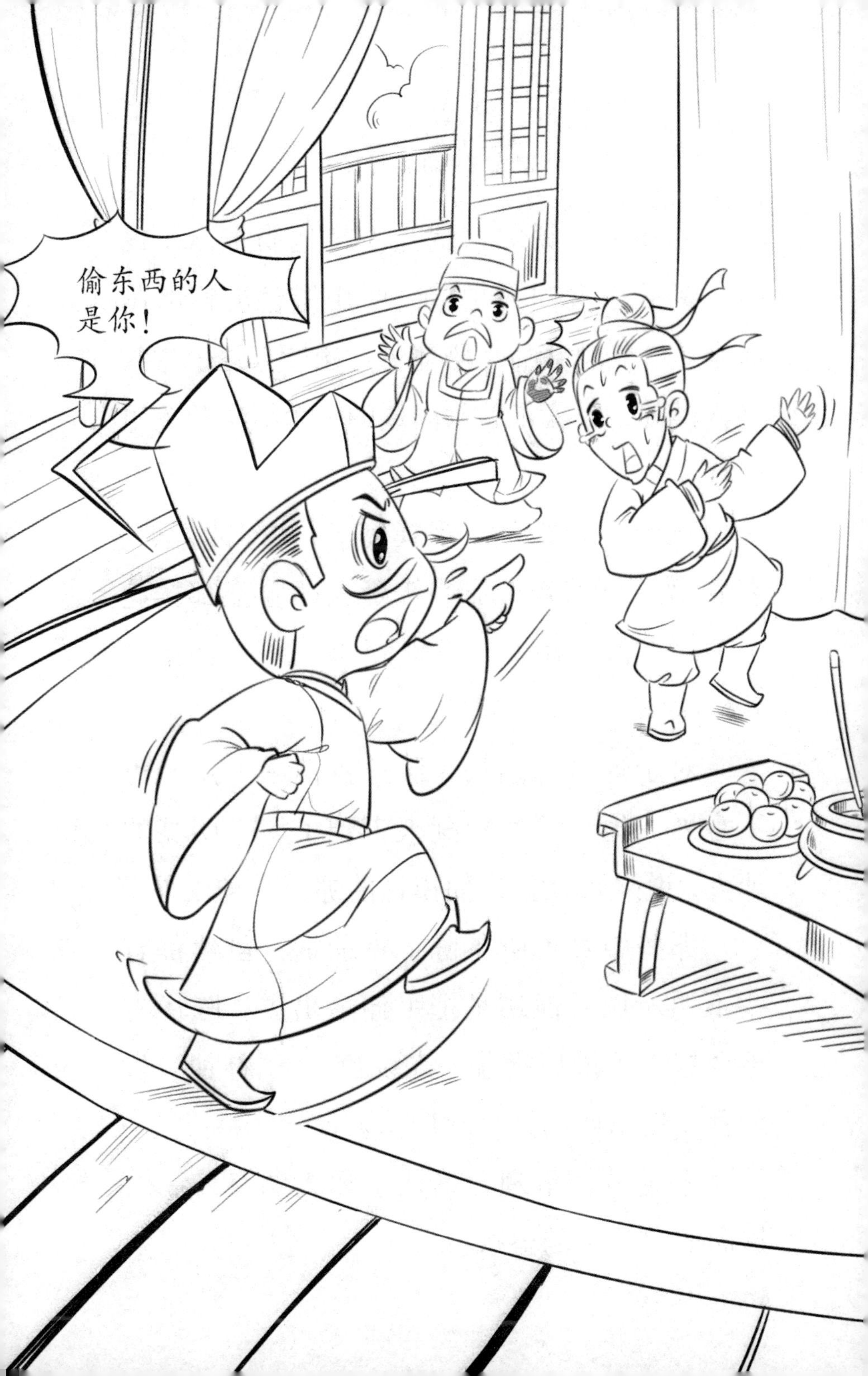
偷东西的人是你！

谐音字巧断疑难案

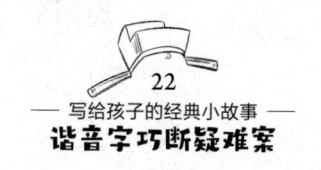

陈述古一说完，就让人将他们带出了阁楼，紧接着又叫人把"神钟"用黑色的帷帐围起来。一切就绪后，陈述古让嫌疑人逐个进入帷帐摸钟，摸完了就到阁楼的一个黑暗角落里等着。

直到所有嫌疑人都摸完了，"神钟"也没有发出一点声音。那些嫌疑人的脸上都扬起了笑容，似乎在说："看吧，我就说东西不是我偷的。"

对于这样的结果，陈述古似乎一点儿也不意外。他将那些嫌疑人带到了一个明亮的地方，说："现在把你们摸钟的那只手伸出来。"

那些嫌疑人听了陈述古的话，虽然都有些不明所以，但还是把手伸了出去。陈述古逐个检查，最后指着一人说道："'神钟'告诉我，偷东西的人是你！"

经过重新审理，确认了那人的身份——这起盗窃案中的盗贼。

亲爱的小读者,动动你的小脑筋想一想,陈述古是怎样利用"神钟"来破案的?

我是小神探

原来,在围帷帐的时候,陈述古派人在钟面上涂满了炭灰。那盗贼做贼心虚,唯恐摸到钟后钟发出声响,因此只做了个摸的动作,手上一点儿炭灰也没沾上。而其他人_____。

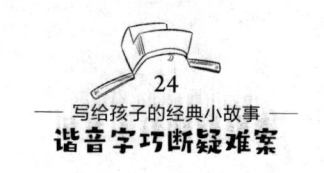

假新娘抓住真小偷

——改编自中国民间故事

阅读准备

吉安府：辖境相当今江西吉水、万安间的赣江流域。

仪表堂堂：形容人的容貌、姿态、风度等端庄大方。

学富五车：形容人读书多，学识渊博。

金玉其外，败絮其中：外表像黄金美玉，内里却是破棉絮。比喻外表很好，实质很糟。

流水席：指客人陆续来，随到、随吃、随走的宴客方式。

头头是道：形容说话或做事很有条理。

明朝万历年间，江西吉安府有一个年轻男子李某，长得眉目清秀、仪表堂堂，任谁看，都会认为此人必定学富五车、能力出众，前途不可限量。可其实，李某整日里干的净是些偷鸡摸狗的勾当，真真儿是金玉其外，败絮其中。接下来我们就说说这个李某的故事。

吉安府有个富豪的儿子要娶媳妇，婚礼在两天后举行。李某听说了这事儿以后非常兴奋，在屋里不停地来回走，口中还念念有词："富豪家办婚礼，去的人肯定少不了，到时候人多眼杂，混进去应该不是什么难事。"

婚礼当天，李某成功溜进新房，钻到床底下藏了起来，他本想等到夜深人静时，拿了东西悄悄地溜出去，没承想，这富豪家连摆了三天三夜的流水席。因富豪家里通宵点着灯，而且不管白天黑夜家里都是人来人往的，所以这个李某一直没敢出来。到了第三

谐音字巧断疑难案

天下午，李某饿得头晕眼花受不了了，才不管不顾地跑了出来。宾客们看见一个人从新房里偷跑出来，当即就当作小偷给送了官。

受审时，李某辩解说："大人，我是一名大夫，不是小偷。这家的新媳妇得了一种罕见病，我是给她治病的大夫。"

为了让大家相信他的话，李某还详细说了说新媳妇发病时的情况，和新媳妇娘家的一些事情。主审官听他说得头头是道，再看他长得也不像是那种贼眉鼠眼的人，便信了他的话，说找新媳妇来核实一下情况，没问题就可以放他回去。

富豪家的老爷听说主审官要让新媳妇在公堂上与一个小偷对质后，很不乐意，他认为这对新媳妇的名声有损，于是恳请主审官不要让新媳妇上公堂，奈何主审官不同意。

后来，那老爷找到了衙门里的一名老吏，

请他帮忙想想办法。那老吏对主审官说："大人，不管这个案子最后怎么判，只要那新媳妇上了公堂，她以后出门，就免不了要被邻里说三道四，大人是想找个人确认一下那李某说的是不是真的，其实我们可以这样……"

主审官听了老吏说的办法，虽然有些犹豫，但最后还是点头同意了。

第二天，一个穿着体面的年轻妇人乘车来到衙门。她进入公堂还没来得及说话，那李某就嚷嚷开了："我本是悄悄为你治病的，现在却被当成小偷抓了起来。你快给大人把误会解释清楚，让这个事儿赶紧过去。别让你得病的事情闹得全城皆知。"

主审官听见李某这么说，顿时就愣住了，但片刻后，他哈哈大笑起来，并说李某就是小偷。

亲爱的小读者,那主审官为什么突然说李某是小偷呢?

我是小神探

结合前文看,第二天出现在公堂上的年轻妇人＿＿＿＿＿＿新媳妇。这个事情主审官是清楚的,可李某却不知道。从李某见到年轻妇人时的表现可以看出,李某压根儿就不认识那新媳妇。由此主审官便知道李某说了谎,他不是大夫,而是小偷。

杨评事巧破谋财案
——改编自冯梦龙《智囊补》

阅读准备

湖州：辖境在今浙江省湖州市。湖州位于浙江省北部、太湖南岸，是近代湖商的发源地。

束之高阁：把东西捆起来，放在高高的架子上面。指扔在一边，不去用它或管它。

来龙去脉：山形地势像龙一样连贯着。本是迷信的人讲风水的话，后来比喻人、物的来历或事情的前因后果。

谐音字巧断疑难案

明朝天启年间,一位杨姓书生在湖州任七品评事时,成功侦破了一起三年悬而未决的谋财案。

据案卷资料记载,湖州富商赵三和一个年轻的周姓后生,是十分要好的朋友。两人约好一起去南都做生意,不料赵三的夫人孙氏不同意,因为她不想让丈夫离家太久,为了这事她和赵三闹了好几天。

出发那天,周姓后生来到船上时,距离约定出发的时间还有一会儿。听船夫张潮说赵三还没到,周姓后生便先进了船舱。

约定出发的时间过了有一阵儿了,周姓后生见赵三还没来,便让张潮帮忙跑一趟,去赵家问问赵三是不是反悔了,为什么还不出发。

到了赵家,张潮边敲门边喊:"赵三娘子,出发的时间已经过了,赵三为什么还不出门啊?他还去南都吗?"

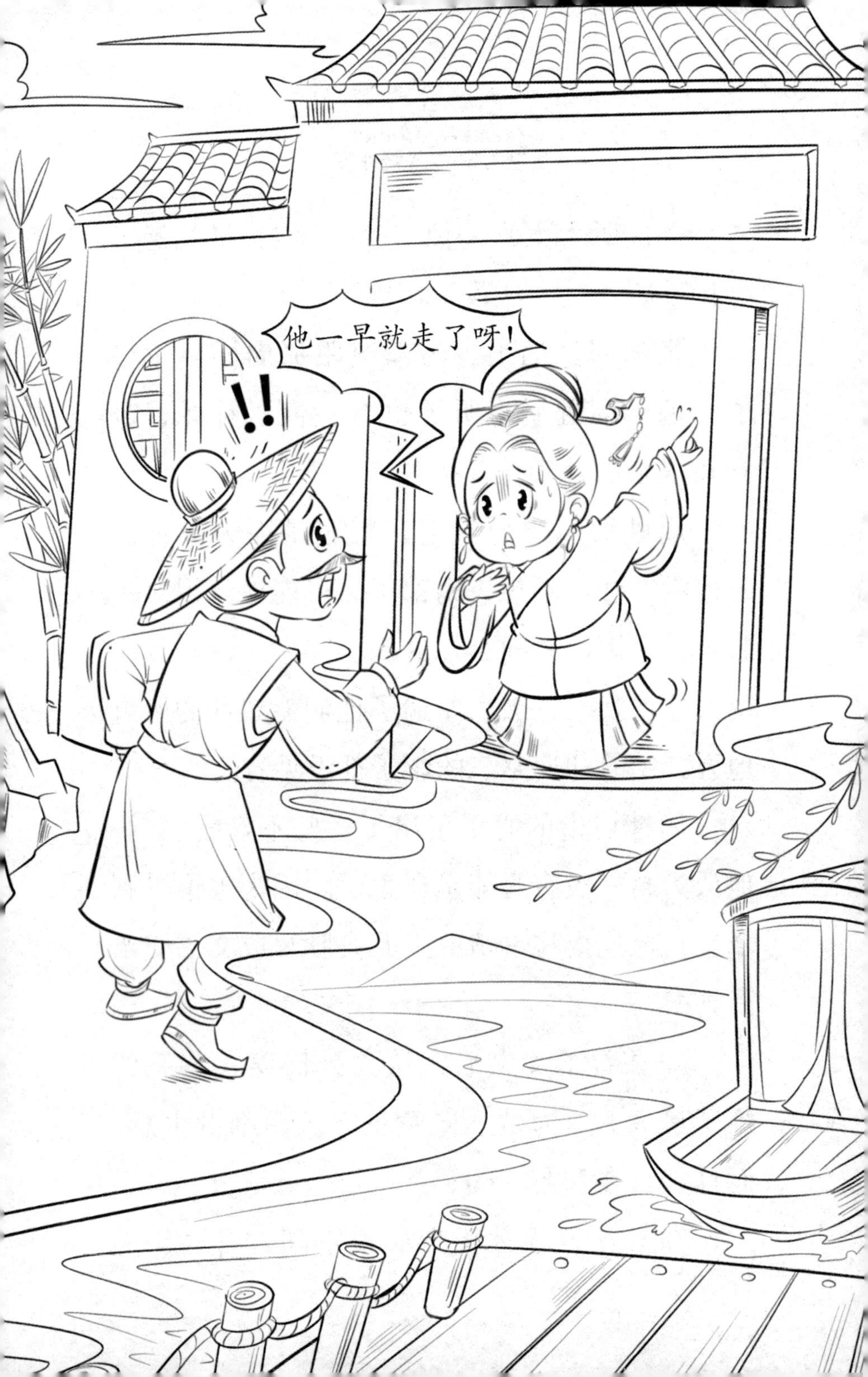
他一早就走了呀！
!!

孙氏听了大吃一惊，说："他一早就走了呀！哪能这会子还没上船呢？"

张潮回到船上，将情况跟那周姓后生说了一遍。周姓后生听了也有些慌了神儿，赶紧和跟来的孙氏分头去找人。

周姓后生原想着赵三肯定是因为被孙氏闹得没办法，不想去南都了，可能他觉得对不起自己，因此就找个地方躲了起来。他和孙氏两人连着找了三天，跑遍了他们能想到的所有地方，结果却连赵三的影子都没见着。

周姓后生的心里生出了一些不好的感觉，他认为赵三极有可能是遇害了。因为害怕受到牵连，他连夜将事情的来龙去脉写成文书交给了县衙。

知县看了文书后，认为孙氏谋害赵三的嫌疑最大，因为她不同意赵三去南都做生意，而且一直在和赵三闹。

知县让人将孙氏带回来审问，可孙氏一

口咬定，自己没有谋害赵三。因县衙一直没有找到赵三的尸体，也没有发现新的有用的线索，案子就被束之高阁了。

杨评事翻阅完案件资料后，认定赵三已经遇害，而且那船夫张潮，就是杀害赵三的凶手。张潮被抓到县衙过堂受审，很快就交代了自己谋财害命的罪行。

原来，赵三因担心夫人孙氏再闹，出发那日便早早地出门上了船。因为起得实在太早，且距离开船还有很长一段时间，赵三便在船舱里打起了盹儿。张潮知道赵三家里有钱，出远门必定会带不少值钱的东西在身上，于是起了谋财害命的坏心思。

张潮趁赵三在船舱里睡觉，偷偷把船划到了一个僻静的地方，杀了赵三以后，他把尸体扔到了湖里，把值钱的东西藏了起来。做完这一切后，他又把船划了回去，并假装自己一直在船上睡觉。

谐音字巧断疑难案

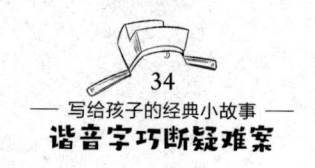

亲爱的小读者，杨评事为什么认定张潮是凶手？

我是小神探

周姓后生让张潮去赵家问赵三为什么还不出发，可张潮到赵家后喊的却是"赵三娘子"。正常情况下，找赵三问话，去了应该喊赵三，而不是喊赵三娘子。由此可大胆推测张潮知道赵三当时不在家。

根据孙氏所说，赵三一早便出门去了船上，而张潮却说"赵三还没到"，两人的说法是矛盾的。孙氏一口咬定她没有杀害赵三，可见她的话是_____，张潮在_____，由此可推断张潮是_____。

孙亮辨奸断谜案
——改编自冯梦龙《智囊补》

阅读准备

即位:指开始做帝王或诸侯。

奴婢:泛指丧失自由、被人奴役的男女。三国时,太监以奴婢自称。

御苑:指古代帝王豢养禽兽、种植林木的地方。

蜜渍:指用蜂蜜浸渍。

兴冲冲:形容兴致很高的样子。

怛然失色:指害怕得变了脸色。

战战兢兢:形容害怕得微微发抖的样子。

谐音字巧断疑难案

三国时期是中国历史上汉朝之后、晋朝之前的一个时期。东吴是三国时期的一个主要国家,今天我们要讲的就是发生在东吴的一个有趣的故事。

孙亮是东吴开国皇帝孙权的第七个儿子,也是东吴的第二任皇帝。孙亮十岁即位,六年后被废,十八岁时意外离世。他短暂的一生,留给世人说道的东西并不多,我们接下来要说的这个故事算是其中之一吧。

据说故事发生时,孙亮即位不久。

某天,孙亮带着一帮大臣到御苑去打猎。说是去打猎,其实就是让一群人陪着他玩儿。休息的时候,侍从给孙亮端了一盘淡黄色的生梅子。生梅子吃起来香甜中有种淡淡的酸味,清凉爽口,孙亮很是喜欢。吃着生梅子,孙亮想起了蜜渍梅,于是就吩咐身边的内侍道:"你快去取些蜂蜜来,我要调制蜜渍梅。"

没过多久，内侍就抱着一小坛蜂蜜回来了。他小心翼翼地走到孙亮跟前，恭恭敬敬地将蜂蜜坛子双手奉上。孙亮接过来，打开坛盖，兴冲冲的舀了一勺子准备浇在生梅子上，结果发现，勺子里不仅有蜂蜜，还有一颗老鼠屎……

孙亮勃然大怒，厉声质问道："什么人如此大胆，竟敢往我的蜂蜜里加老鼠屎？"

内侍一听孙亮的话怛然失色，战战兢兢地说："陛……陛……陛下，奴婢拿到蜂蜜后径直就送来了，不敢动什么手脚，定是那管理库房的小吏偷了懒，让老鼠钻了进去。"

孙亮想，这内侍说得倒是在理，但是口说无凭，于是他吩咐人将看管库房的小吏叫了过来。

小吏说："这蜂蜜坛子平日里盖得严严实实，不可能有老鼠钻进去，更不可能有老鼠

屎掉进去。奴婢交给内侍时，坛子里的蜂蜜干干净净，没有老鼠屎。"

内侍气冲冲的说："你撒谎！明明坛子里早就有老鼠屎了。是你管理不善，让老鼠将这上好的蜂蜜给糟蹋了，现在倒想推个干干净净！"

听了他们二人的对话，孙亮一时也没有主意，他低头沉思了片刻，然后指着身侧的一个侍卫说："你把老鼠屎从蜂蜜里捞出来，看看里面是什么样儿的。"

侍卫照做，然后答道："回禀陛下，老鼠屎里面是干的。"

孙亮听后对侍卫说："你将这内侍押下去审问，我猜这老鼠屎是他放进去的。"

听了孙亮的话，内侍一下子瘫在了地上。经过审问，那颗老鼠屎确实是内侍为了陷害小吏，故意放进去的。

亲爱的小读者，为什么孙亮说内侍是放老鼠屎的人？

我是小神探

假如内侍说的是真的，坛子里早就有老鼠屎了，那么老鼠屎经过长时间的浸泡，应该里里外外都是湿的。

侍卫捞出来的那颗老鼠屎，外面看着是湿的，里面却是干的，这说明老鼠屎浸泡在蜂蜜里的时间_____，应该是内侍在取蜂蜜回来的路上放进去的。

李崇设计探真情
——改编自冯梦龙《智囊补》

阅读准备

定州：辖境在今河北省保定市，位于河北省中部偏西，自古就有"九州咽喉地，神京扼要区"之称。

公差：旧时在衙门里当差的人。

瞒天过海："三十六计"中的第一计。指利用人们司空见惯、常见不疑的心理进行伪装，把自己真正的企图隐藏在有意暴露的事物中，以达到出奇制胜的目的。即采用欺骗的手段，通过暗中进行的行动来达到自己的目的。

南北朝时期，北魏名臣李崇在出任扬州刺史的时候遇到了这样一桩案子。

定州的两兄弟解庆宾、解思安因为琐事打伤了人，触犯了北魏律法，被判流放扬州相国城。在扬州，弟弟解思安躲过了官兵的看押，成功逃了出去。解庆宾怕负责看守的官兵追查，冒领了一具无人认领的尸体回来安葬，谎称解思安已经被害身亡。那死者的相貌与解思安颇为相似，猛一看，根本看不出来是个冒充的。解庆宾靠着瞒天过海，将事情蒙混了过去。

几天后，一位在当地颇具影响力的杨姓女巫对解庆宾说，她在梦境中见到了解思安，解思安向她详细地诉说了被害时的种种痛苦。如此一来，解思安被害身亡就成了"板上钉钉"的事情。解庆宾想，既然是被害身亡，那就应该有杀人凶手啊，于是就上官府状告同为

谐音字巧断疑难案

兵卒的苏显甫和李盖二人,说他们二人是杀害解思安的凶手。那苏显甫和李盖因禁不住衙役的严刑拷打,很快就认了罪。

本来,凶手招了供,案子就算是破了,官府应该马上就能结案,谁承想啊,李崇看了案卷后,指示先不结案。

不久,两个外地来的公差找到解庆宾,对他说:"我们从北边过来,是解思安让我们来找你的。"

据那两人说,他们在来扬州的路上遇到了形迹可疑的解思安。经过盘查,他们得知解思安是从扬州相国城偷跑出去的,当即就想将解思安交给官府。他们还清楚地记得解思安苦苦哀求的模样——

解思安说:"二位官差大人,求求你们不要送我去官府。我哥哥在扬州相国城,叫解庆宾,我嫂嫂姓徐。你们去找我哥,只要

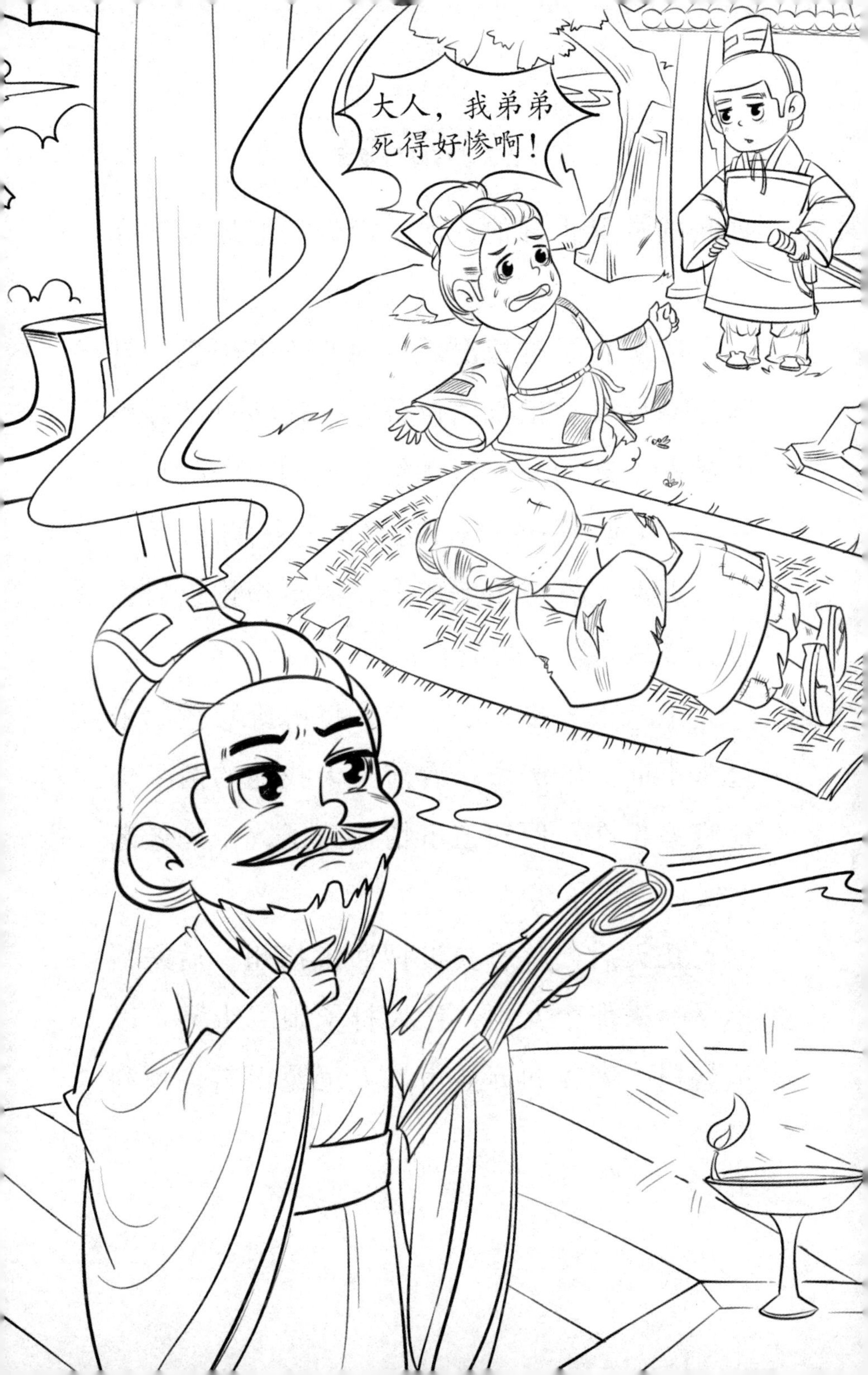
大人，我弟弟
死得好惨啊！

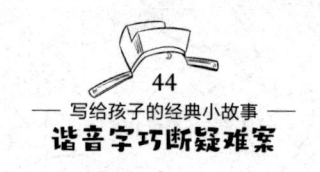

把我的情况告诉他,他一定会好好地报答你们的。"

解庆宾了解情况后,内心十分惶恐,赶紧好酒好菜地招待两位公差,还将自己好不容易攒下来的一点钱送给了他们,千叮咛万嘱咐,请他们一定不要送解思安去官府。

那两人答应了解庆宾,酒足饭饱以后,拿着钱高高兴兴地走了。

第二天一早,李崇派人将解庆宾抓起来过堂审问。解庆宾一看前一天找他的两个外地官差也在,便知道事情败露了,于是老老实实地说出了实情。

几天后,解思安被押回了扬州。后来,李崇唤来那个女巫,让人打了她二十鞭子以示惩罚。李盖和苏显甫二人沉冤得雪,顺利回家。

亲爱的小读者，你知道李崇是怎样侦破这起案子的吗？

我是小神探

其实，那两个去找解庆宾的外地公差是李崇_____，他这么安排的目的是套解庆宾的话，若解庆宾一口咬定解思安已经死了，那这诬告案可能就破不了了。正所谓沉冤昭雪会有时，正义虽迟终来到。刺史李崇凭着自己的直觉，用了个小妙计，让这起诬告案真相大白。

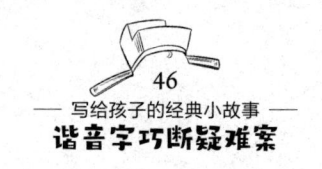

欧阳晔设宴破积案
——改编自冯梦龙《智囊补》

阅读准备

进士：在科举时代，朝廷通过科举考试来选拔官吏，考试的顺序依次为童试、乡试、会试、殿试。凡会试考取后经过殿试的人都被称为进士。

推官：官名，掌管司法事务。

械斗：手持棍棒等武器打群架。

面面相觑：你看我，我看你，形容大家因惊惧或不知所措而互相望着，都不说话。

放肆：（言行）轻率任意，毫无顾忌。

欧阳晔，北宋官员，政治家、文学家欧阳修的叔父。欧阳晔为人正直，据说在生活窘迫时，对于他人的馈赠，凡是他认为不符合道义的，一律不接受。

欧阳晔在宋真宗咸平三年（1000）中进士，后到随州担任推官。他为官极有魄力，以多谋善断闻名，侦破了大案、难案、要案几十件。

有一次，鄂州境内发生了一起十多个人参与的械斗案，其中一个人右胸被砍了一刀，当场殒命。虽然府衙将参与械斗的人，都尽数抓了回来，可他们都说不是自己砍的那人，当时场面太混乱了，不知道是谁砍的。

案子前前后后审了得有一年多的时间，因府衙没有找到什么有用的证据，案子就这么悬着，而参与械斗的人，也一直被关在牢里。因为案子涉及的家庭较多，审理的时间又长，且府衙没找到有力的证据，所以陆续有涉案

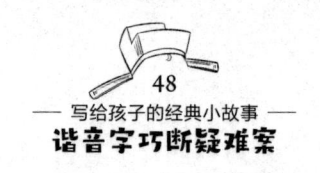

人员的家属要求府衙放人，在当地造成了一些不好的影响。后来，朝廷派欧阳晔到鄂州审理此案。

到鄂州后，欧阳晔先是调来所有案卷资料细细查阅，接着又找来仵作开棺验尸，确认了死者的死因是右胸处的伤势过重。从骨头上痕迹的深浅来看，凶手是自上而下砍的。

做完这两件事，欧阳晔算是对整个案件，有了一个比较全面的了解，也找到了侦破这个案子的突破口。

第二天，欧阳晔扮成狱卒，到牢里去为那些参与械斗的人送饭，并偷偷观察他们吃饭时的样子。

回到府衙后，欧阳晔在书房里皱着眉头反复思索，他怀疑自己是不是想错了，因为他预想的情况没有出现。他拿出案卷资料和验尸报告来反复看，还是认为自己先前的推测是对的。

又过了几天，欧阳晔逐个提审嫌疑人，那些人的口供，与他在案卷上看到的没有什么不同。当然，这在他的意料之中。

提审完的第二天中午，欧阳晔命人去掉了所有嫌疑人身上的枷锁，并宣布死者的死因是，械斗过程中，右胸不慎撞在了利器上，伤势过重，不治身亡，与他人无关。

欧阳晔说："错关了你们这么些日子，很是对不起。现在案子总算是了结了，府衙里准备好了酒席，算是为你们饯行，吃完这顿饭你们就可以回家了，请尽情享用。"

众人听了面面相觑，直到衙役们端上了大鱼大肉，他们才相信欧阳晔说的是真的。

一开始，他们吃得很拘谨，但随着喝的酒多了，他们变得放肆起来——猜拳行令、吆五喝六，把府衙活活闹成了酒肆。

谐音字巧断疑难案

欧阳晔见了也不制止,只在一旁静静地看着。酒席快到尾声时,他看到,一个喝红了脸的男人,把筷子从右手换到了左手,娴熟地夹起菜往嘴里送。预想的场景终于出现了,欧阳晔的脸上露出了微笑。

酒席散场,众人准备回家。欧阳晔让衙役将那左手夹菜的男人留了下来,将其他人都押回牢里。

众人一脸惊慌,一人大着胆子问:"为什么?不是说案子结了,要放我们回家吗?"

欧阳晔指着那左手夹菜的男人,大声说道:"此人便是本案的真凶,等审问清楚了,大家就可以回家了。"

左手夹菜的男人听了惊恐不已,瘫坐在地上。在公堂上他承认,是他在械斗过程中砍的死者。

亲爱的小读者，欧阳晔怎么知道左手夹菜的男人就是凶手？

我是小神探

通过查阅案卷资料和仵作验尸，欧阳晔知道死者的死因是，右胸处的伤势太严重了。伤口在前胸，说明斗殴时双方是面对面站立的。假设凶手是右手拿刀，那么造成的伤口，通常在伤者的左胸，即使伤口在右胸，也难以形成重伤，因此这个假设不成立。所以，欧阳晔猜想凶手应该是＿＿＿＿＿＿拿刀，是个习惯

用左手做事的人。

　　那个人将筷子从右手换到左手，是因为喝酒后他的警觉意识降低了，行为习惯无意识地调回了他认为最舒适的状态。这说明，他先前一直是有意识地让自己用右手，目的就是隐藏自己是凶手这个真相。

忠满智判父告子案

——改编自吴趼人《中国侦探案》

阅读准备

满洲正红旗：满洲是清朝满族的自称。清朝满族的户口编制分为正黄、正白、正红、正蓝、镶黄、镶白、镶红、镶蓝八旗，正红旗为八旗之一。

绍兴府余姚县：今浙江省宁波市的下辖县级市余姚市。

慢条斯理：形容动作缓慢，不慌不忙。

文：量词，用于旧时的铜钱。铜钱的一面铸有文字，一枚铜钱就是一文。

谐音字巧断疑难案

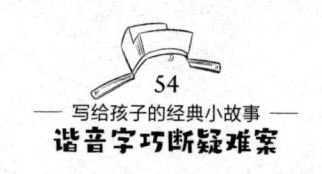

忠满，字若虚，满洲正红旗人。忠满的父亲是清朝的一名朝廷官员，从忠满小的时候开始，父亲就对他进行了较为严格的教育，忠诚、清廉、担当等品格，被深深地烙在了忠满的心上。

故事发生在忠满在绍兴府余姚县担任知县的时候。据说，忠满担任余姚知县时，每天从早到晚都坐在县衙的大堂上，不是在处理公务就是在读书，根本没有什么娱乐生活。那会儿的余姚县衙，即使是晚上也能开堂审理案子。在忠满眼里，案子不分大小，百姓只要有冤屈，就可以到县衙来找他申冤。忠满是个特别勤奋的人，从不积压案件，接到百姓的诉状以后，他都会第一时间进行处理。

某天傍晚，忠满正准备吃饭，衙役突然来报，有人来县衙告状。忠满放下筷子，换上官服就去升堂审案了。

堂上站着一对父子，形容枯槁、精神萎

靡的那人是父亲，也是本案的原告，身材清瘦、憨厚老实的那人是儿子，也是本案的被告。据那位父亲交代，他跟儿子都是城里的皮匠，而且手艺都很不错，平日里找他们干活儿的人不少，所以家里的收入很可观。但是他儿子花起钱来大手大脚，使得家里经常缺米少衣，他吃不饱也穿不暖。他教训过儿子，可儿子非但不听他的，做起事情来还变本加厉，所以无奈之下他来到官府，请知县大人帮忙教育儿子。

其间，忠满一边认真听着，一边观察儿子的反应，他发现父亲在陈述时，儿子脸上的表情很平静，低着头安静地站在一旁。

忠满慢条斯理地说："你们俩吃过晚饭没有？"

两人同时回答道："还没有。"

忠满立即唤人取来了四百文铜钱，给了父子俩一人二百文，并说道："你们先去吃饭，

吃完了回来我再接着问。"

晚上十点左右,父子二人前后脚回到了县衙。

忠满问那位父亲:"二百文铜钱你用去了多少?"

那位父亲答道:"回大人,我用去了一百七十文,还剩三十文。"

忠满听了有些吃惊,说:"现在的饭菜都很便宜,为什么你只剩下了三十文铜钱?"

那位父亲小声地说:"我有个久治不愈的病痛,需要饭后去烟馆缓解一下。"

忠满又问那位儿子:"二百文铜钱你用去了多少?"

那位儿子答道:"大人,我用去了三十文,还剩一百七十文。"

"为何花得这么少?"忠满问。

"吃饭的目的是不饿着肚子,不必吃得太好,也不必吃得太饱,所以花不了多少钱。"那位儿子诚恳地回答道。

忠满对那位父亲说:"现在我知道你为什么要告你儿子了。你要去烟馆,要花很多钱,可你儿子却给不了你那么多钱,所以你来告他。你这是诬告,照理我应该治你的罪,只是当着你儿子的面给你用刑,想来你儿子应该是不愿意的,我也不想这么做。我希望你别再去烟馆了,好好调养身体,努力做一个体恤儿子的好父亲。"

听了忠满的话,那位父亲顿时羞红了脸,一个劲儿地说:"是,是,大人,我知道错了,从今以后我不去烟馆了,一定和儿子把日子过好。"

亲爱的小读者,忠满为什么说那位父亲是在诬告他的儿子?

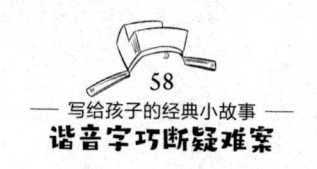

我是小神探

忠满给父子俩一人二百文铜钱让他们去吃晚饭,目的是看一看父子二人的消费习惯。

父亲用去了一百七十文还剩三十文,而儿子只用了三十文剩下了一百七十文,这说明平日里花钱大手大脚的是_____。那位父亲在一开始的陈述中说,他儿子花钱大手大脚,这与事实不符,所以忠满说那位父亲是在诬告他的儿子。

包拯巧断牛舌案
——改编自《宋史·包拯传》

阅读准备

天长县：今安徽省辖县级市天长市。

铁面无私：形容公正严明，不讲情面。

恍惚：（记得、听得、看得）不真切，不清楚。

抓耳挠腮：形容焦急而又没办法的样子。

紧巴巴：形容经济上不宽裕。

将计就计：指利用对方所用的计策，反过来对付对方。

谐音字巧断疑难案

包拯是北宋名臣,以清廉公正、铁面无私而名垂青史。包拯在朝廷为官刚强坚毅、不附权贵,敢于替百姓伸张正义,故有"包青天"之名。关于包拯断案,史书里有记载,民间也有各种各样的传说,今天我们就说一说包拯是如何巧断牛舌案的。

天长县农民李大柱身强力壮、勤劳能干。他家里种着几亩地,养了一头肥壮的耕牛,日子过得算不上富裕,却也是吃穿不愁。

一天夜里,李大柱从睡梦中突然惊醒,他恍惚听见了牛的尖叫声。李大柱一骨碌从床上爬起来就往牲口棚跑,他看见牲口棚内的耕牛一边不停地来回转圈,一边张着嘴痛苦地尖叫——耕牛嘴里的舌头没了。

眼下正是秋收的时候,秋收一结束就要准备种小麦,可现在牛没了舌头,没舌头就没办法吃草,没办法吃草牛就活不下去,那到时候就没有牛下地干活……这么一琢磨，李大柱顿时急得抓耳挠腮。不等天亮，他便牵着耕牛朝县衙出发了。

当时，包拯正在天长县任知县，听了李大柱的陈述，包拯说："这事儿好办，只要把牛杀了，就能知道是谁割了牛的舌头。"

"把牛杀了？"李大柱难以置信地瞪大了眼睛，"那我不就犯了宰杀耕牛罪吗？"

"你放心，我不会治你的罪。杀了牛以后，你把牛肉分给左邻右舍，务必让全村的人都知道你杀了牛。只是，你不能让人知道这是我给你出的主意。"

李大柱虽然没有弄明白为什么包拯让他那么做，但他还是照做了。当天晚上，他就把耕牛杀了，把牛肉送给了乡亲们。

第二天，有人到县衙告状，说他们村的李大柱私自宰杀耕牛，触犯了朝廷律法。包

谐音字巧断疑难案

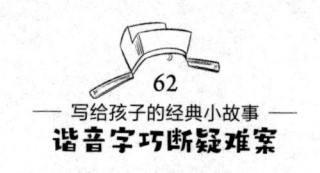

拯一听他要状告李大柱，便断定是他割掉了耕牛的舌头，于是派人当堂将他拿下审问。

那人没料到情况会有如此大的反转，更没想到知县大人如此厉害，仅凭几句话就知道是他割了牛舌头。他知道在包拯面前狡辩无用，便老老实实地交代了情况。

那人名叫金兆龙，住在李大柱家前面，是村里出了名的酒鬼。金兆龙家里有六口人，日子过得紧巴巴的。他好吃懒做，不好好种地，家里收来的那点儿粮食，还不够他卖了买酒喝，更何况，他家里还有几张嘴巴等着吃饭。他见李大柱整车整车地往家里拉粮食，十分眼红。

前几天，金兆龙找到李大柱，说种小麦的时候借李大柱家的耕牛用用，被李大柱拒绝了。金兆龙十分生气，他认为，李大柱家粮食收成好，是因为他家有耕牛，于是起了

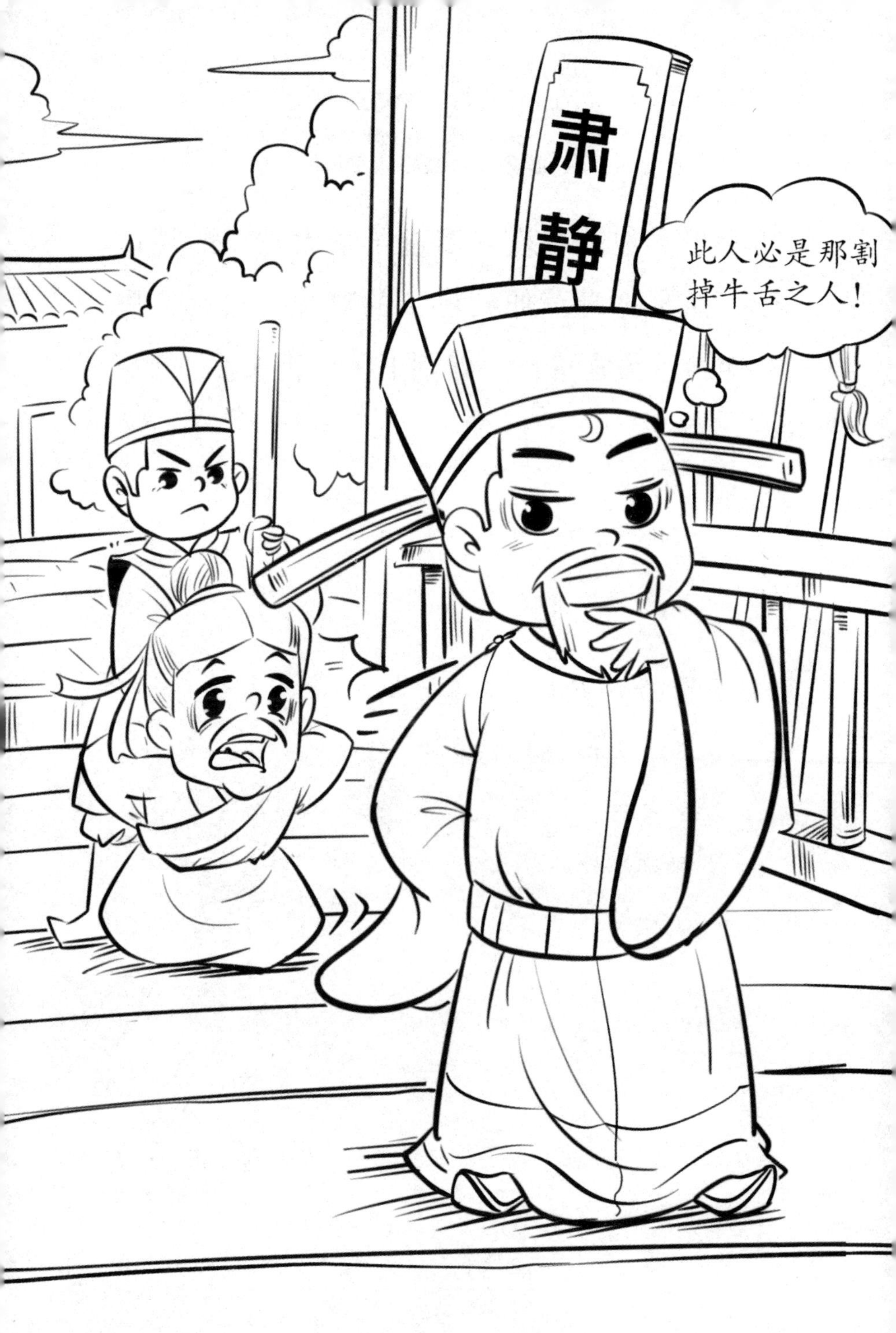
肃静
此人必是那割
掉牛舌之人！

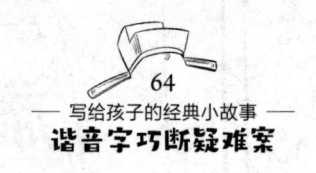

坏心思。他趁着夜黑溜进了李大柱家的牲口棚，抓了把青草伸到耕牛的嘴边，然后趁耕牛伸出舌头吃草，一刀割下了牛舌头。

亲爱的小读者，为什么包拯一听说金兆龙要状告李大柱，便断定他就是割掉牛舌头的人？

我是小神探

把牛舌头割掉，那牛就不能吃草，也不能下地干活了，牛主人可能会偷偷地将牛宰了，所以割掉牛舌头，其实是在诱惑牛主人宰杀耕牛。在宋代，私自宰杀耕牛是重罪，由此可推断，那割牛舌之人一定对李大柱心有怨恨。

包拯将计就计，让李大柱将牛肉分给左邻右舍，目的是让大家知道李大柱杀牛了。照理来说，大家得到了牛肉，应该对李大柱心怀感激，可金兆龙却＿＿＿＿＿＿＿＿＿＿，因此，包拯一听说金兆龙状告李大柱私自宰杀耕牛，便断定他就是那割掉牛舌之人。

包拯智审夺子案
——改编自李潜夫《灰阑记》

阅读准备

员外：古时候的一种官职，后来成对地主豪绅的一种称呼。

妾：古时候男子在正妻以外娶的女子。

十恶不赦：形容罪大恶极，不可饶恕。

惊堂木：古时候官吏在审案时用来拍打桌面以显示声威的长方形木块。

皮肉之苦：泛指身体所遭受的痛苦。

轻而易举：很轻松、很容易地举起来。形容事情很容易做成。

北宋仁宗年间，郑州城里一位姓马的员外老爷有一妻一妾，但子嗣单薄，直到晚年才得了一个儿子。因儿子来之不易，马员外为其取名为寿郎，并扬言要将全部家产留给他。

一日，马员外在家意外中毒身亡，马员外的正妻王氏到县衙状告妾室张氏毒杀马员外，并说张氏为了家产抢走了自己的儿子。知县一听那张氏又是毒杀自己的丈夫，又是抢别人的儿子，简直就是一个十恶不赦的人啊，于是立马派人将她抓了回来。

"张氏，你是怎么毒杀马员外，又是怎么为了家产抢走王氏之子的？赶快从实招来，省得遭受那皮肉之苦。"知县大人一拍惊堂木，大声问道。

"大人，我是冤枉的。我没有杀人啊，寿郎是我的儿子，我不知道为什么王氏要说我抢了她的儿子。"张氏分辩道。

谐音字巧断疑难案

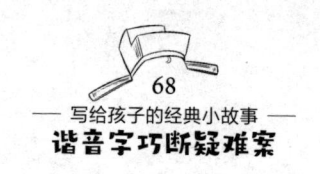

王氏开口说道:"大人,寿郎的的确确是我的儿子,接生婆可以为我做证。"

接生婆一口咬定张氏说谎,那寿郎是王氏生的。知县认定张氏故意不好好交代事实,于是一顿大板子"招呼"。

后来张氏当堂画了押,被押往开封等待定罪。

开封府内,知府包拯正在审阅张氏一案的卷宗。因本案涉及人命,稍一疏忽就有可能让一个无辜的人丧命,因此要慎之又慎。包拯来回翻看案卷,不敢错过任何一个细节。看完以后,他总感觉案卷不够明晰,于是派衙役前往郑州城带回了原告王氏和寿郎,打算重新审理。

堂上,包拯问道:"这寿郎到底是谁的孩子?"

王氏和张氏异口同声道:"是我的。"

包拯见状叫过一个衙役来低语了几句。

不多时，就见那衙役从外面提着一桶炭灰回到了堂上，然后用炭灰在地上画了一个圆圈。

包拯说："把寿郎放到圆圈里，你二人站在圆圈外面同时拉他，谁能把他从圆圈里拉出来，谁便是他的亲娘。"

王氏和张氏分别站在圆圈的两侧，听到包拯说"拉"后，王氏用力地拉寿郎，而张氏却不敢太用力，结果寿郎轻而易举地被王氏拉了过去。

包拯见状对张氏说："看来这孩子不是你生的，不然你为何不用力把他拉出来呢？现在我再让你们拉一次，不用力拉的那个人，我会定她夺人之子的罪。"

两人又拉了起来，寿郎被拉扯得疼了，咧着小嘴大哭起来，张氏见了一下子就松开了手。寿郎又被王氏拉了过去，王氏的脸上露出了得意之色。

张氏跪在地上低头哭诉："大人，我含辛

谐音字巧断疑难案

茹苦地将这孩子养到这般大,现在见他被这样拉来扯去,疼得龇牙咧嘴,我实在是不忍心啊!"说罢,就号啕大哭了起来。

包拯已经有了答案,他大喝道:"王氏,还不快将你毒害马员外、抢走张氏之子的事情从实招来!"

在包拯的严厉审问之下,王氏老实交代了谋害马员外,以及为了家产用钱买通知县、师爷和接生婆,嫁祸给张氏,又抢走寿郎的事情。

亲爱的小读者,包拯是怎么知道张氏才是寿郎的亲生母亲的?

我是小神探

如果王氏是寿郎的亲生母亲，那么她必定不会使劲儿拉寿郎的胳膊，因为她知道孩子会疼。王氏不顾寿郎的感受，猛拉寿郎的胳膊，可见她不是_____。

两次拉寿郎，第一次，张氏没敢使劲儿拉，第二次，寿郎一哭张氏就松开了手，可见张氏是打心眼儿里心疼寿郎，因此她是_____。

宋慈智抓盗盐贼
——改编自中国民间故事

阅读准备

长汀县：辖境在今福建省龙岩市，位于福建省西部，被誉为福建省的"西大门"。

法医学：医学的一个分支，研究并解决法律案件中有关医学的问题（如创伤或者死亡的原因等），为侦查审判案件提供资料或证据。

丈二和尚摸不着头脑：本义是说一丈二尺高的金刚雕像，我们摸不着它的脑袋，常用来比喻做事情搞不清楚状况。

宋慈是南宋官员、法医学家,他编写了世界上最早的法医学专著《洗冤集录》。因这本书对世界各国的法医学发展做出了重大贡献,故宋慈又被称为"世界法医学鼻祖"。

宋慈曾在长汀县做过一段时间的知县。那时,长汀百姓吃的盐需要从千里之外的福州运过去,不仅量少,而且价格昂贵,普通百姓很难吃得上,所以盗盐案时有发生。据说,宋慈那会儿每天办得最多的案子,就是盗盐案了。接下来我们要说的就是一个宋慈智抓盗盐贼的故事。

在一个天气晴朗的上午,一位盲人大叔正提着好不容易买来的二两盐往家走着,突然,他被人狠狠地撞了一下,手里的盐也被抢走了。大叔疾声大呼:"捉贼啊!偷盐了!捉贼啊!偷盐了!"

一听"偷盐了",顿时就有四五个行人追

谐音字巧断疑难案

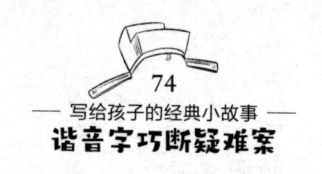

了上去。盲人大叔顺着人群的声音往前追,没多久就听到了前方两个人厮打的动静。

盲人大叔刚一走近就听到其中一人说:"你为什么偷人家的盐?"

另一个人说:"明明是你偷了人家的盐,现在反倒说是我偷的,你还动手打人,真是蛮不讲理!"

两人一直在互相指责、谩骂,盲人大叔一时无法分辨到底谁是好人,谁是小偷。周围看热闹的那些人,大多只看到了两个人在互相撕扯,盐被扔在了一旁的地上,也弄不清是谁偷了盐。

众人七嘴八舌讨论谁是小偷的时候,宋慈恰好就在街上。他见许多人围在一起吵吵嚷嚷,担心出事儿,便找了个精明干练的小衙役上前了解情况。

衙役回来对宋慈说:"大人,其实一点儿

都不难判断。据史书记载，古人苻融也曾遇到过这样的事儿，当时他安排两人赛跑，跑赢了的是好人，跑输了的就是小偷。既然有先例，我们是不是也能这样？"

宋慈来到人群中间，见两人都鼻青脸肿，于是对那衙役说："他二人如今都负了伤，让他们跑是跑不出真实成绩的，所以前人之法不可取。"

"那不如先将他们押回县衙，等他们的伤养好了再跑？"

宋慈说："不必如此麻烦。你去将他们的上衣脱掉，看一下他们的伤势。"

那衙役和围观的百姓听了，都有些丈二和尚摸不着头脑，不知道知县大人要做什么。虽然不理解，但衙役还是照做了。

其中一人的胸部被打得青一片紫一片，而另一人则是背部被打得发青，仔细看还能

谐音字巧断疑难案

看见背上有抓挠的痕迹。

宋慈指着那后背有伤的人说:"这个人就是盗盐贼,把他绑了带回县衙受审!"

听宋慈这么说,围观百姓就更莫名其妙了。"知县大人是怎么知道的?"大家都在心里犯嘀咕。

在县衙,经过一番审问,那人承认偷了盲人大叔的盐。见审理结果如此,大家都对宋慈啧啧称赞,佩服不已!

亲爱的小读者,为什么宋慈说那后背有伤的人就是盗盐贼呢?

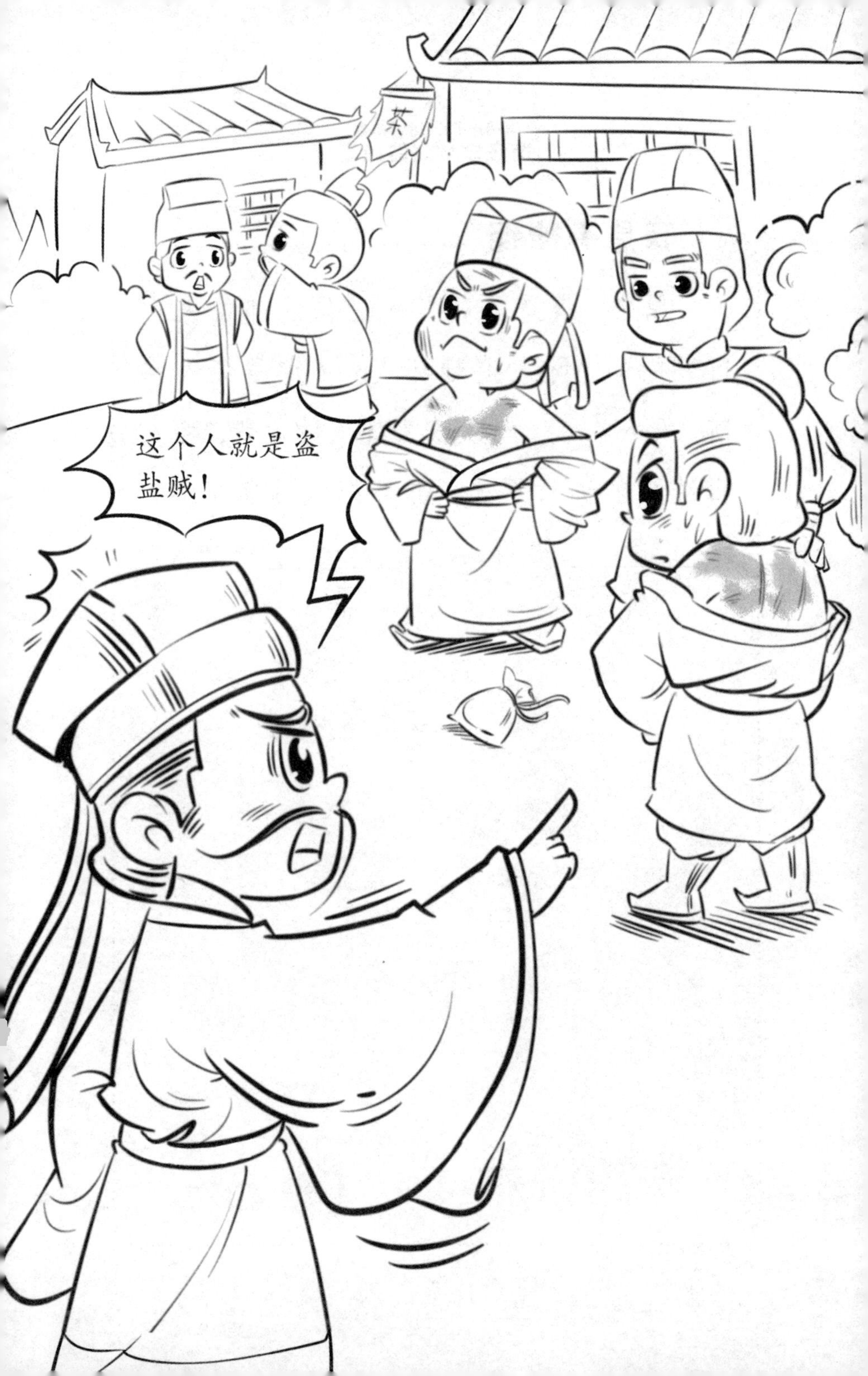
茶
这个人就是盗盐贼！

我是小神探

原来,宋慈是凭二人受伤的部位来进行判断的。好人追赶坏人,必定是坏人在前,好人在后。好人攻击坏人的后背,坏人回过头来进行反击,击打好人的胸部。所以_____是好人,而_____是坏人。

胡知县明察秋毫

——改编自魏息园《不用刑审判书》

阅读准备

河间府：指今河北任丘市以南，东光、吴桥以西，肃宁、献县、故城以东一带。

父母官：旧时多指州、县一级的地方长官。

仵作：旧时官署中检验死伤的吏役。

勘验：司法人员对案件或民事纠纷的现场、物证等进行实地勘查和检验。

投案：犯法的人主动到司法机关或公安机关交代自己的作案经过，听候处理。

顶罪：代替别人承担罪责。

谐音字巧断疑难案

清朝嘉庆年间，直隶省河间府某县的父母官胡知县爱民如子，在任期内体察民情，勘验冤假错案，深受当地百姓的拥戴，被当地百姓称为"胡青天"。

在一个和风习习、阳光灿烂的上午，县衙门口的鸣冤鼓突然响了起来。胡知县当时正在批阅公文，听见鼓声后立马换上官服升堂问案。

堂上站着的是一个双目失明、头发有些花白的男人。据他交代，他姓陈，在家里失手打死了自己的老父亲，既害怕又愧疚。他知道自己罪孽深重，愿意接受官府的审判。

陈某交代完案件的基本情况以后，胡知县就带着陈某、仵作和衙役们去勘验现场。在陈某家，胡知县看见一位白发老翁躺在地上，脑袋周围有大片血迹，不远处还有一块带有血迹的砖头。

经过勘验，仵作说白发老翁的死因是，后脑勺遭钝器多次重击，这与陈某的说法一致。突然，胡知县被死者的伤口报告给吸引了。报告中说，死者的后脑勺上共有三处伤口，而且排列整齐。胡知县不自觉地皱起眉头，在心里犯起了嘀咕。

胡知县对陈某说："你能来县衙投案自首，我甚是欣慰。虽说你的眼睛看不见，生活不易，但人命关天，你杀了人，触犯了律法，就应该受到相应的惩罚。你这一去恐怕很难回来了，你家中可还有什么人？我们可以找来与你话别。"

陈某听后脸色阴沉，过了好一会儿才慢悠悠地开口说道："我还有一个儿子，他吸鸦片，只有要钱的时候才会回来，我也不知道他现在在哪里。"

胡知县说："没关系，我派人去找他。"

约莫过了一刻钟，衙役带着陈某儿子回来了。

陈某儿子畏畏缩缩地站在陈某身旁，一

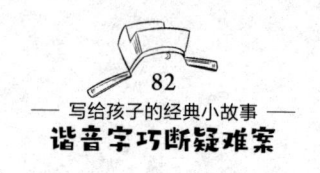

会儿看看陈某,一会儿看看胡知县和衙役,眼睛还时不时地瞟一眼地上的白发老翁,看上去紧张极了。

胡知县将这一切看在眼里,他对陈某儿子说:"你父亲杀了人,我们今天将他带走,恐怕就回不来了。你有什么话想对你父亲说,现在就抓紧时间说吧,这可能是最后的机会了。"

听了胡知县这话,陈某儿子一把抓住陈某的手,呜咽了起来。陈某也哭着对儿子说:"儿啊,以后这个家里就只剩你自己了,你可要好好做人啊。只要你今后能安安稳稳地过日子,我就没有什么牵挂了。"

陈某儿子脸上的神情似又多了些许慌乱与愧疚。胡知县让人将陈某带离现场,他对陈某儿子说:"我知道杀害这白发老翁的人其实是你,你父亲是在为你顶罪。他两眼看不见,能将你养大成人已经很不容易,现在你做错了事，还要让他来替你承担后果，你良心上过得去吗？"

听了胡知县的话，陈某儿子扑通一声朝着胡知县跪了下去，他浑身哆嗦，断断续续地说："人……人……人确实是我打死的，我……我因为太……太害怕了，所以跑了。"他还说，陈某到县衙投案自首，他事先完全不知情，衙役找到他以后他才听说。他愿意自己承担罪责，希望胡大人不要怪罪陈某。

亲爱的小读者，胡知县是怎么知道杀人凶手另有其人的？

我是小神探

假设投案人陈某是杀人凶手,他双眼看不见,在击打死者的后脑勺时,伤口分布整齐有序的可能性大不大?＿＿＿＿＿＿。

报告上说死者的三处伤口排列整齐,与假设不符。这引起了胡知县的怀疑,因此他询问陈某"家中可还有什么人"。陈某和儿子见面后,陈某儿子的一系列反应加深了胡知县的怀疑,故而他推断凶手其实是陈某的儿子。

毕矮妙计化危机
——改编自中国民间故事

阅读准备

师爷：古代协助地方军政官办理文书、刑名、钱谷等事务的人员的一种通称，也被叫作"幕僚""幕友"。

乌纱帽：中国古代以乌纱为材质做成的帽子，也被叫作"乌帽""乌纱"，是官职的一种代称。

醍醐灌顶：原指用纯酥油浇到头上。比喻听了高明的意见，受到很大的启发。

谐音字巧断疑难案

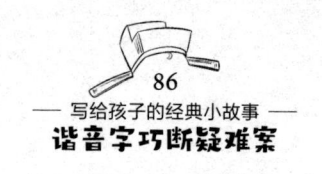

我国古代有这么一句俗语,"私凭文书官凭印",是说无论公事还是私事,在处理的时候都讲究一个真凭实据,口头约定都不作数。为什么这么说呢?因为老百姓之间如果发生了什么纠纷,官府在处理的时候会以文字契据为依据来断案。最后的判决文书凭什么让人信服呢?凭的是判决书上加盖的官印。文字契据就是那俗语中说的"文书",而官印便是那俗语中说的"印"。

官印是官员职位和权力的一种象征,是官府颁布政令的必备之物。在古代,无论是损坏官印还是弄丢官印,涉事官员都会受到处罚,轻则乌纱帽不保,重则人头落地。那个时候,官员们像爱惜自己的生命一样,爱惜自己的官印,可即便如此,丢失官印的事情还是时有发生。

今天我们要讲的就是知县大意丢官印,

师爷妙计化危机的故事。

明末清初那会儿，有一个地方官名叫黄敬，他在浙江兰溪县担任知县时的师爷，是兰溪当地的传奇人物毕矮。

黄敬出任兰溪知县快两个月的时候，县衙里发生了一件大事——黄敬的官印丢了。

黄敬发现自己的官印不见了，心里又是急又是怕。他不敢声张，偷偷地在县衙里里外外找了一个遍，可是连官印的半点儿影子也没见着。

黄敬初来乍到，人生地不熟，思来想去觉得这事儿光靠他自己解决不了，于是悄悄地告诉了毕矮，让毕矮帮他想想办法。

毕矮听了闭眼思索了片刻，然后对黄敬分析道："大人，官印应该是被人偷走了。能在县衙里神不知鬼不觉地拿走官印，想来这人对县衙是极为熟悉的，应该是在县衙里做

事的人。官印于您而言是关乎性命的东西，可于其他人而言，却不是什么有用的物件。依我看，这人偷走官印，极有可能是为了报复您，想让您落得一个丢失官印的罪名。大人，您好好想想，您在兰溪有没有与什么人结过仇，或者得罪过县衙里的什么人？"

听毕矮这么一分析，黄敬有种醍醐灌顶、豁然开朗的感觉。他想了想，说："毕师爷，我来到兰溪还不足两个月，要说跟县衙里的谁结了仇，应该不至于，但要说得罪了县衙里的谁，我能想到的就只有胡狱吏。半个月前，胡狱吏贪小便宜，被我抓了个现行，我给了他一些责罚。可也不能因为这个事就说是他偷走官印的呀！"

毕矮沉思了一会儿，说："大人说得对，我们确实不能断定是胡狱吏偷走了官印，但不得不说胡狱吏目前是嫌疑最大的人。我们

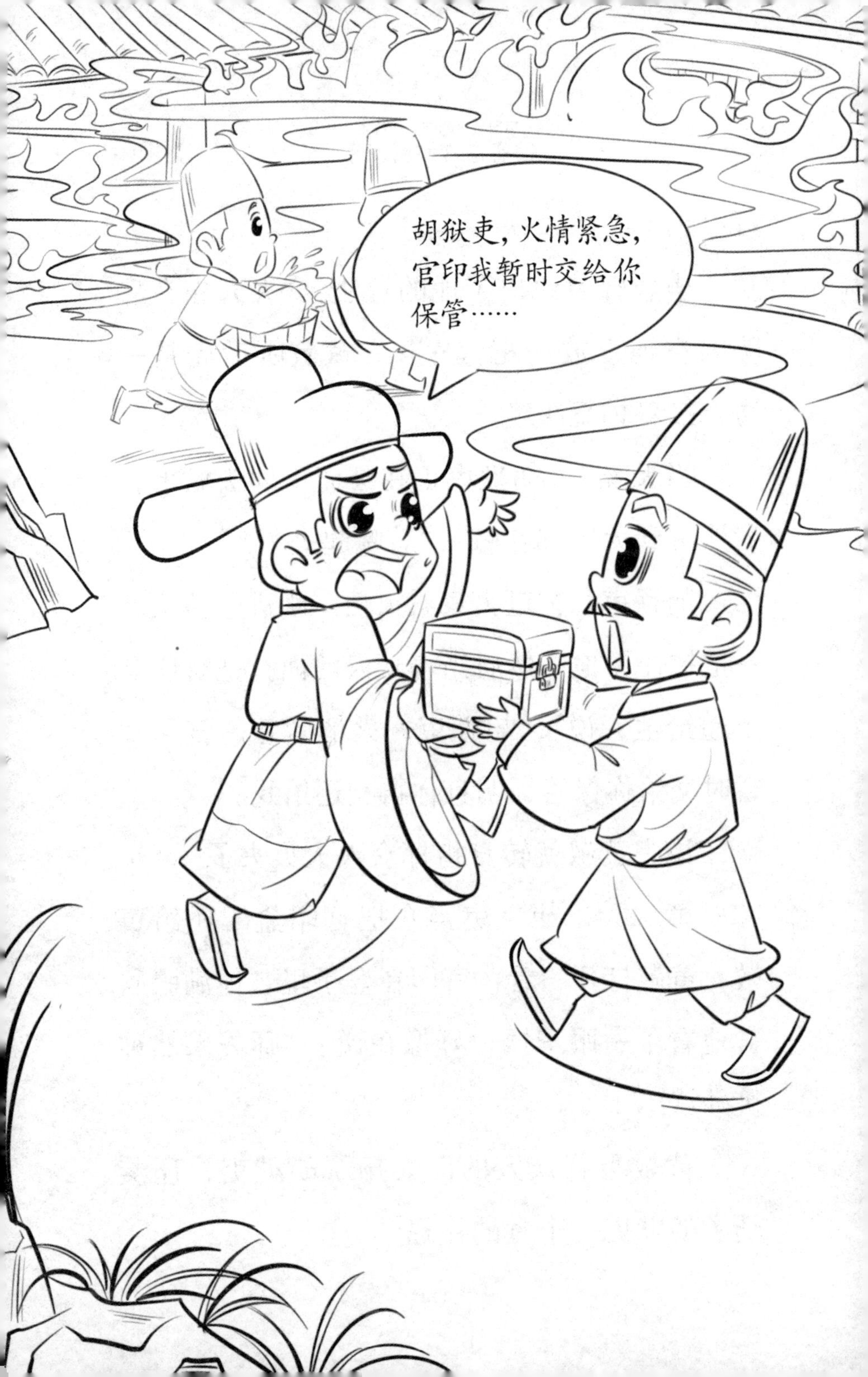
胡狱吏，火情紧急，官印我暂时交给你保管……

谐音字巧断疑难案

可以想个办法试探一下。"

毕矮轻声说出了他的想法:"大人先在后院的空地上放一把火……"黄敬听后先是一愣,接着拍案叫绝。

当天晚上,胡狱吏正在县衙里埋头做事,突然听到大家都在喊:"后院起火了!"

胡狱吏急忙赶去察看火情。刚进门黄敬就一把拉住了他,然后当着众人的面,把官印盒子递给他,说:"胡狱吏,火情紧急,官印我暂时交给你保管,明日你再交还给我。"

说完黄敬就转身指挥众人灭火去了。

第二天,胡狱吏当众把官印盒子还给黄敬。黄敬打开一看,官印在盒子里。他满眼欣喜地看了一眼毕矮,好像在说:"师爷果然神机妙算!"

黄敬当着众人的面表扬了胡狱吏,还奖励了胡狱吏一个月的俸禄。

官印回来了，黄敬的危机被化解了。胡狱吏受到了表扬，他心里的那些不痛快也烟消云散了。不得不说，毕师爷想的这个办法真是妙啊！

亲爱的小读者，为什么胡狱吏会将官印还回来呢？

我是小神探

我们现在已经知道是胡狱吏拿走了官印，所以黄敬将官印盒子交给胡狱吏时，胡狱吏很清楚盒子里没有官印，当时他有三种选择：

一是当场打开盒子，说盒子里没有官印，黄知县把官印弄丢了。可这样一来就有个问题，他是怎么知道黄知县弄丢了官印的呢？除非是他偷走了官印。

二是老老实实把官印盒子带回去，第二天将空盒子还给黄知县。可这样一来，官印保管不当的罪名就落在了_____的头上，这是绝对不可以的。

三是老老实实把官印盒子带回去，然后将偷来的官印放进盒子里，第二天一早再还给黄知县。

很显然，胡狱吏只能选择第三种。